LETTRE

Écrite à l'occasion de l'Ouvrage intitulé,

Examen du Gouvernement d'Angleterre.

L E T T R E

Écrite à l'occasion de l'Ouvrage intitulé,
Examen du Gouvernement d'Angleterre.

MONSIEUR LE M***.

JE n'ai reçu qu'hier le billet que vous m'avez fait l'honneur de m'écrire, & je m'empresse d'y répondre. Madame la P. de P. me fait beaucoup d'honneur en me demandant mon jugement sur l'Ouvrage qu'elle est tentée de lire, & je commence par l'assurer qu'il mérite d'être lu, tant par l'intérêt des sujets qu'on y traite, que par la nouveauté de quelques-unes des opinions qu'on y défend. Savoir si ces opinions sont bien justes, c'est une autre question & qui demanderoit une discussion plus longue que celle qu'on peut se permettre dans une Lettre. Cependant, pour ne pas tromper entièrement votre attente, je vous dirai, M. le M., l'impression générale qui m'est restée de la lecture de *l'Examen de la Constitution d'Angleterre.*

Cet Ouvrage est formé de deux parties, l'*Examen*, qui est l'Ouvrage de M. Livingston, Américain, ancien Gouverneur de l'État de New-Jersey, & de notes de plusieurs François, cinq & six fois plus étendues que l'Ouvrage, & qui, à l'exception des dernières, qui regardent la Constitution fédérative des Américains, sont toutes relatives au Gouvernement d'Angleterre.

L'Auteur de l'*Examen* fait une censure très-sévère du Gouvernement Anglois, & attaque sans ménagement son Compatriote, M. Adams, & l'Ouvrage de M. de l'Olme; mais les Auteurs des

A 2

notes paſſent de beaucoup M. Livingſton en ſé-
vérité, & me ſemblent aller juſqu'à l'exagération
& par conſéquent à l'injuſtice, dans la manière
dont ils jugent la Conſtitution Angloiſe; par cette
raiſon, je ne vous parlerai que des *notes*.

Dans la ſeconde, on conteſte aux Anglois la
liberté de penſer, parce que la Religion Catholique n'eſt pas tolérée en Angleterre; la *liberté du
Commerce*, parce qu'il y a des Douanes & des
corporations; la liberté des perſonnes, parce que
les Loix qui permettent d'arrêter pour dettes ſer-
vent quelquefois à exercer une violence paſſagère
envers un particulier qui ne doit rien, & parce
que la preſſe des Matelots y eſt encore ſoufferte;
& enfin la *liberté d'écrire & d'imprimer*, parce
qu'elle n'eſt, dit-on, en Angleterre, qu'une tolérance fondée ſur les uſages, & non une Loi
expreſſe comme en Amérique.

Je crois que ces reproches ſont tous plus ou
moins injuſtes.

L'intolérance, pour une Religion intolérante,
eſt une tolérance véritable, par la même raiſon
que les Loix qui privent de ſa liberté celui qui
attente à la liberté d'autrui, ſont des Loix de
liberté.

Je ſais qu'on peut dire, & je penſe moi-même,
que l'intolérance civile ne tient pas au fonds de
la Religion Catholique; mais elle y a été jointe
par la plupart des Catholiques, & tant que les
Catholiques & l'Egliſe elle-même n'auroit pas
ſolennellement proſcrit cette funeſte doctrine,
on pourra ne pas tolérer les Catholiques en con-
ſéquence même des principes d'une véritable tolérance.

Mais je n'ai pas beſoin de recourir à cette
maxime, pour juſtifier le Gouvernement Anglois,
ou au moins le Gouvernement actuel, du reproche qu'on leur fait.

D'abord, la Loi à laquelle les Auteurs des notes font allusion, ne porte pas la peine de mort, mais l'emprisonnement pour la vie ; & quoique cette dernière soit encore atroce, elle l'est moins que celle qu'on suppose ; & dans des imputations de ce genre, on conviendra bien qu'il ne faut pas altérer les faits.

En second lieu, les Auteurs des notes sur l'Examen du Gouvernement d'Angleterre, ont ignoré que les Loix dont ils parlent sont révoquées depuis plus de dix ans. Les Loix pénales contre les Papistes étoient de la 11e. & 12e. année de Guillaume III, au sortir de la guerre terminée en 1697 par le Traité de Risvick, c'est-à-dire, onze ans seulement après l'expulsion du Roi Jacques II, tandis que la famille des Stuarts conservoit encore toutes ses intelligences parmi les Catholiques du Royaume, & que ceux-ci étoient regardés par la Nation comme cherchant tous les moyens de renverser le nouveau Gouvernement. Elles ont été révoquées dans la 18e année de George III, 1778, & tout le monde se souvient des mouvemens populaires dont cette révocation fut accompagnée, & qui furent excités par le fanatisme du Lord Gordon. On voit que cet adoucissement des Loix laisse moins de matière à l'imputation d'intolérance qu'on intente au Gouvernement Anglois.

Passons à la liberté du Commerce. Les exemples des corporations & des Douanes prouvent seulement qu'elle n'est pas aussi grande & aussi étendue en Angleterre qu'elle pourroit & *devroit* l'être ; mais la plupart des grandes Villes où le Commerce & les Fabriques sont dans la plus grande activité, n'ont pas de corporations. Telles sont les villes de Manchester, Leeds, Sheffield, Birmingham, & dans la Capitale elle-même, toute la Ville de Westminster, qui en fait la moitié,

& le grand Fauxbourg de Soutwark. Il n'y en a point, comme chez nous, où la Loi ait concentré les Fabriques, comme nous avons fait à Lyon, à Tours ; il est loisible à tout Citoyen de fabriquer toute espèce d'ouvrages hors de l'enceinte, &, s'il le veut, à la porte des villes à corporations. Au reste, il y a beaucoup de villes qui ont des corporations, c'est-à-dire, des associations de tous les Citoyens par le moyen d'une Chartre qui les autorise à s'administrer eux-mêmes, & ce que nous appelons en France des Municipalités ; mais la plupart n'ont point de corporations exclusives de Manufacturiers & de Marchands.

Les Douanes n'y sont qu'à l'entrée du Royaume, & cette différence est énorme pour la liberté du Commerce, qui, après avoir une fois franchi la barrière, se porte sans obstacle par-tout où il veut.

Mais sur cet article j'observerai en général, qu'il faut éviter d'attribuer à ces Loix d'une Administration encore imparfaite en Angleterre, les mêmes vices, la même force d'oppression qu'elles ont parmi nous, parce que d'autres Loix & les mœurs & l'opinion, & sur-tout le respect pour la liberté civile, combattent & affoiblissent les inconvéniens que nous en ressentons ici.

Il est étrange qu'on refuse aux Anglois de jouir de la liberté personnelle, sur un aussi léger prétexte que les violences qui peuvent s'exercer par la corruption d'un Officier de Justice sur l'affirmation d'un homme qui, à ses périls & risques, réclame une fausse dette. Richardson fait arrêter ainsi Clarisse par l'ordre d'un Shérif ; mais d'après un évènement de Roman, on ne peut pas juger une Constitution nationale ; & quand l'Auteur des notes auroit constaté qu'il se fait dix violences de cette espèce par an dans une ville de 800,000 ames, je ne croirois pas que la Loi

(7)

d'*Habeas corpus* en Angleterre foit *comme l'écu de ce Guerrier, qui ne lui couvroit que la moitié du corps.*

La preffe des Matelots eft fans doute une atteinte cruelle à la liberté. Je ne dirai pas que nous avons la Milice forcée, fléau des familles & des campagnes, & nos claffes pour nos gens de mer, & les Souverains de l'Allemagne des tyrannies équivalentes à celles-là, exemples qui, fans juftifier les Anglois, doivent pourtant les faire juger avec moins de dureté.

Mais je dirai qu'il eft injufte de juger du degré de liberté civile d'une Nation d'après l'état de guerre, dans lequel une malheureufe néceffité force trop fouvent de fouler aux pieds tous les droits. C'eft un problême difficile dans l'état actuel de l'Europe, que de concilier une entière & parfaite liberté des peuples avec la néceffité d'une grande force militaire. Je ne crains pas d'affurer que fi quelque Nation en trouve la folution en Europe, les Anglois en auront les premiers la gloire, pouffés vers ce but par leur attachement à la liberté civile, dont ils connoiffent fort bien les droits, & aidés par leur fituation d'Infulaires & par leur Conftitution même qui leur rend poffibles toutes les mefures qui peuvent fervir une fi jufte caufe.

C'eft ce qu'ils ont déjà tenté plufieurs fois, fans avoir pu trouver encore un moyen de fournir leurs flottes en temps de guerre, qui pût fuppléer à la preffe.

Vers le milieu du règne de Guillaume III, il fut établi des claffes pour avoir toujours fur pied trente mille Matelots, auxquels on accorda de grands priviléges, en même temps qu'on établit des peines graves contre ceux qui, après avoir été claffés, ne fe rendroient pas à leur deftination dès qu'ils en feroient fommués; mais cet acte, à peu près semblable dans ses dispositions au régime de nos classes, fut révoqué dans la 9e. de la Reine Anne, comme contraire à la liberté nationale.

Un projet à peu près semblable, présenté au Parlement en 1740, y fut vivement combattu & rejeté. On trouve au *London magazine* de la même année, diverses observations, contenant les raisons de cette opposition, & dans lesquelles se montre sans équivoque ce respect pour la liberté civile, que les Auteurs de l'Examen méconnoissent dans la Nation Angloise, le peuple de la terre qui, les Américains Anglois exceptés, en a le mieux senti l'importance & le mieux défendu tous les droits.

Il n'est pas vrai que la liberté d'écrire & d'imprimer, ou la liberté de la presse, ne soit pas établie en Angleterre par la Loi ; seulement elle ne l'est pas *directement*, parce qu'on n'a pas dit, *La presse sera libre* ; mais elle l'est indirectement par la Loi générale, qui assure à chaque citoyen sa liberté & sa propriété.

On ne peut pas venir visiter chez lui en vertu d'un ordre vague & général, *Général warrant*, on ne peut pas enlever ni arrêter ses presses, on ne peut pas lui en interdire l'usage, on ne peut pas lui prendre une feuille de papier imprimée, on ne peut pas lui faire payer une amende d'un schelling, &c., sans une action judiciaire & un jugement par Jurés, parce que sa presse, ses papiers, &c. sont sa propriété. N'est-ce pas là une liberté de la presse établie par la Loi, quoiqu'elle ne le soit pas par une Loi expresse & directement ?

Cette liberté est sur-tout utile aux Sociétés pour tout ce qui touche à l'Administration, aux intérêts publics de tout genre ; elle n'est sûrement nécessaire que sur les choses & non sur les perfonnes. Or je prie qu'on me dife une matière d'adminiftration, une queftion de morale publique ou de Gouvernement, une difcuffion la plus hardie de la Conftitution elle-même, qui ne foit en Angleterre parfaitement libre.

Si l'Auteur des notes prétend qu'il n'y a pas de liberté de la preffe en Angleterre, parce qu'on n'y peut pas attaquer la Religion, la morale publique, la perfonne du Roi, ni celle d'un particulier, fans que l'Ecrivain, ou, à fon défaut, l'Imprimeur, foient expofés à une action judiciaire, je ne fçaurois être en cela de fon avis.

Lorfque la Loi qui défend d'écrire contre la Religion établie ou contre la Morale, exifte, & que le délit réel ou fuppofé qu'elle profcrit n'eft pourfuivi que par les formes judiciaires, régulières & publiques, & fur-tout lorfque cette pourfuite n'eft jamais que poftérieure à l'impreffion reftée parfaitement libre, on ne peut pas dire qu'en un tel pays on foit privé de la liberté de la preffe. Il faut dire feulement qu'on n'en peut pas abufer avec impunité, comme on a bien la liberté de courir à bride abattue dans les rues de Paris en cabriolet, quoiqu'on n'ait pas celle de rouer un homme de pied en courant ainfi.

Or ceux qui connoiffent un - peu l'Hiftoire politique & littéraire de l'Angleterre, favent que les exemples très-rares qu'on peut citer d'atteintes vraies ou prétendues données à la liberté de la preffe, n'ont jamais porté que fur des Ouvrages très-violens contre la Religion, ou fur des infultes faites au Roi, ou fur des fatires perfonnelles, témoin Pierre Anet, le Dr. Shebbear, le Nort-Briton, &c., & qu'aucun de ces Ecrivains n'a été pourfuivi qu'en vertu de la Loi, ni condamné que par un Jugement de Jurés, après l'impreffion & même la publication de fon Ouvrage.

Les Ecrits de Pierre Anet étoient un Ouvrage

périodique, où l'on trouvoit toutes les femaines une attaque violente contre la Religion établie.

Le 8e. nombre commence ainſi : » Connoiſſez-» vous, Lecteur, les Voyages de Gulliver, les » Viſions de Quevedo, les Contes Perſans le » Mariage de Belphégor ? Tous les évènemens » fabuleux qui y ſont rapportés ne ſont rien en » comparaiſon des Contes de Moïſe. On a écrit » ceux-là pour nous amuſer ; mais on veut nous » faire croire ceux-ci «.

En ſuppoſant q'il eſt bon que cela ſoit imprimé, il me ſemble qu'on ne peut pas dire qu'un pays encore Chrétien, où l'on regarderoit un pareil Ouvrage imprimé comme un délit, & où ce délit ne ſeroit jugé que par un Tribunal bien impartial, un Jury, ſeroit ſans liberté de la preſſe.

L'exemple de M. Wilkes, cité par l'Auteur des notes, eſt entièrement contre lui. On avoit ſaiſi chez M. Wilkes en vertu d'un Général Warrant, un Livre obſcène, intitulé *Eſſay on Woman*, Eſſai ſur la Femme, qui lui étoit attribué. Les Miniſtres, qui en vouloient moins à la liberté de la preſſe qu'à l'Ecrivain qui les attaquoit avec violence, & à qui ils vouloient faire perdre ſa popularité, ſe ſervirent de ce moyen ; mais Lord Halifax & Lord Egremont furent condamnés à quatre mille louis de dommages & intérêts, pour avoir violé *the liberty and the property* de M. Wilkes, en lui prenant ſon Livre. J'avoue que je ſuis tout réſigné à n'avoir pas en France une plus grande liberté de la preſſe, quoique je ſois auſſi diſpoſé qu'un autre à uſer de celle qu'on nous donnera.

Enfin expliquons ce que nous devons entendre par l'état de liberté d'une Nation. J'appelle ainſi un état de choſes où la liberté, ſans être abſolue, entière, portée ſans exception à tous les cas qu'elle peut & *doit* embraſſer, ne ſe trouve

mal à propos reftreinte qu'en **un très-petit nom-**
bre de cas.

J'appelle tolérance l'admiffion de la plupart des
fectes Chrétiennes dans un pays, quand le Catholi-
cifme lui-même en feroit exclus à raifon de fon intolérance. J'appelle libre le Commerce d'un pays,
lorfqu'il n'y eft pas foumis à la 10e. partie des gènes
qui l'oppriment dans tous les autres pays de l'Europe. Je dis que la liberté perfonnelle exifte là où
la Loi oblige de faire le procès à tout homme em-
prifonné, & lui affure des indemnités dans tous
les cas d'une *arreftation* fans motif; & une violence de ce genre & la preffe des Matelots dans
les befoins de la guerre, ne me femblent que
des exceptions qu'*il faut fans doute faire ceffer
auffi*, mais qui ne font que des exceptions.

En un mot & en général, la queftion entre
les Auteurs des notes & moi, n'eft pas de favoir
fi la Conftitution Angloife eft abfolument fans
défaut, puifque perfonne n'a le ridicule de la croire
telle, & que parmi les Anglois eux-mêmes elle
eft l'objet de beaucoup de réclamations.

Quelle eft donc la queftion? Il me femble que
la voici. La Conftitution Angloife eft-elle bonne,
refpecte-t-elle les droits de l'homme & du citoyen, & fi elle n'a pas encore perfectionné là
liberté civile autant qu'elle doit l'être, cette liberté
eft-elle plus grande en Angleterre qu'en aucun autre
État policé, foit ancien, foit moderne, l'Amér que
Angloife exceptée? Si l'on peut répondre affirma-
tivement à ces queftions fans héfiter & fans bleffer
les notions faines des droits des hommes & de là
nature des Gouvernemens, l'Auteur des Lettres
a tort.

Mais dans cette critique, & je pourrois dire
cette fatire du Gouvernement Anglois, je trouve
un autre paralogifme qu'il eft important de dé-
mêler.

A 6

Le Cultivateur de New-Jerſey & l'Auteur des notes, veulent prouver que la Conſtitution Angloiſe eſt mauvaiſe, vicieuſe, inſuffiſante pour aſſurer la liberté & le bonheur de la Nation.

Pour obtenir ce réſultat, il ne ſuffit pas de montrer que, ſous cette Conſtitution, la tolérance, la liberté du Commerce, la liberté perſonnelle n'ont pas actuellement toute l'étendue qu'elles pourroient & devroient avoir ; il faudroit prouver que cette Conſtitution, *telle qu'elle eſt*, ne peut pas leur donner cette étendue, & que ce n'eſt pas à une cauſe étrangère à la Conſtitution & que la Conſtitution elle-même n'a pas pu dominer encore, que ces reſtrictions injuſtes ſont dues. Or il y a une cauſe de ce genre qui contrarie juſqu'à un certain point la Conſtitution, & dont ne tiennent compte, ni l'Auteur de l'Examen, ni ſon Commentateur.

Cette cauſe eſt l'état de l'opinion publique & des lumières de la Nation, qui ont empêché juſqu'à préſent, & empêchent encore les Anglois d'atteindre au degré de liberté qu'ils doivent déſirer, & que leur Conſtitution actuelle pourroit leur donner.

On trouve que la tolérance n'eſt pas aſſez entière ; mais la Conſtitution, *telle qu'elle eſt*, pourroit en étendre les limites à toutes les Religions, ſi elle n'étoit pas arrêtée par l'eſprit national lui-même. Les Repréſentans de la Nation portent, après tout, dans le Parlement l'eſprit national ; ils n'ont pas encore dans la tête les vrais principes de la tolérance. De ce que la tolérance n'eſt pas entière en Angleterre, on n'en peut donc rien conclure contre la Conſtitution.

Le fait que j'ai indiqué ci-deſſus de l'inſurrection de Lord Gordon, lors de l'acte du Parlement, portant révocation des Loix pénales contre les Catholiques, juſtifie parfaitement cette obfervation. On vit alors 20,000 hommes affemblés dans la ville de Londres, criant que le Parlement trahiffoit la caufe de la Religion Proteftante & de la Nation, & joignant à ces cris des violences qui faifoient tout craindre pour la tranquillité publique. Ce fanatifme fut réprimé par l'autorité; mais je vois dans fon activité même la preuve que l'opinion nationale étoit à peine établie en faveur de la tolérance; de forte que fi la révocation de l'acte de Guillaume III eût été tentée 20 ans auparavant, elle n'eût pas pu avoir lieu. Le Parlement, qui ne peut pas devancer l'opinion, a donc au moins marché d'un pas égal avec elle, & cela feul eft l'apologie de la Conftitution, à qui il ne faut rien demander de plus.

Je dirai la même chofe de la liberté du Commerce. Quel crime peut-on faire à la Conftitution, des gênes auxquelles il eft encore foumis ? Perfuadez aux Membres des Communes, Députés de Londres, de Manchefter, de Liverpool, &c. , ou plutôt à la Nation, cette grande vérité; que la liberté du Commerce eft une partie de la liberté de la propriété du Citoyen; qu'elle eft un droit auffi facré que tous ceux que le Bill des droits a prétendu affurer aux Anglois, &c. Perfuadez-les d'une autre vérité non moins certaine, que la véritable manière de donner au Commerce fa plus grande activité & fes plus grands effets fur la profpérité d'une Nation, c'eft de le dégager de tous les liens que les Règlemens, les corporations, les priviléges, les primes, les actes de navigation ont multipliés autour de lui, & vous verrez alors cette même Conftitution, guidée par l'efprit national dans une nouvelle route, rendre au Commerce toute fa liberté : preuve évidente que ce n'eft pas la Conftitution qui s'oppofe à la liberté du Commerce, mais l'efprit encore

mercantile de la Nation , qui agit malgré la
Conſtitution , ou du moins indépendamment de la
Conſtitution.

J'ajoute, M. le M. que j'appelle *bonne* une Conſtitution d'après laquelle & par laquelle la Nation
fait elle-même ſes affaires, qu'elle les faſſe bien ou
mal. Il n'eſt pas douteux que , ſauf quelques vices
dans la repréſentation , qui peuvent être corri-
gés , on peut dire que la Nation agit par ſon
Parlemen , & ſelon l'expreſſion Angloiſe, qui a
beaucoup de force, *à travers through the Par-
liament* Elle agit tantôt bien & tantôt mal, d'a-
près l'eſprit national , & d'après le degré de lumières ·& d'après les mouvemens paſſionnés de
la Nation. Lorſqu'elle eſt ainſi pouſſée dans la
mauvaiſe route, il ne faut pas s'en prendre à
la Conſtitution, mais à l'opinion égarée du peuple. Dès que cette opinion rentre dans le bon
chemin , vous voyez le Parlement y rentrer à
ſa ſuite.

Tant que la guerre d'Amérique a été ſoutenue
par l'opinion populaire , on a fait la guerre d'A-
mérique , & lorſqu'on a ceſſé de faire la guerre,
c'eſt que l'opinion des Anglois avoit changé.

On dira , ſans doute , que c'eſt la corruption
miniſtérielle & non l'eſprit national qui meut
le Parlement.

J'aurois beaucoup à dire ſur cette allégation.
Je me contenterai d'obſerver que ceux qui at-
tribuent une grande force à la corruption miniſtérielle en Angleterre , ne font pas attention à
un grand fait qui combat bien cette idée ; c'eſt
le changement dans le Miniſtère , néceſſité ſi
fréquemment par la perte de la majorité dans
la Chambre des Communes. Dès que le Miniſtre
en eſt là, il faut qu'il ſe retire, & on l'y pouſſe ſou-
vent. Si l'influence du Miniſtre étoit ſi puiſſante ,
aucun Miniſtre ne ſeroit forcé de ſortir du Mi-

niftère ; il ne perdroit jamais la majorité. Mais tant que fes mefures font populaires & nationales, il la conferve ; lorfqu'elles perdent ce caractère, la majorité lui échappe, & c'eft ce qui arrive fouvent. Il n'eft donc pas fi puiffant.

On ne peut pas dire qu'un Gouvernement eft vicieux par cela feul que le Miniftre actuel a quelque influence fur le corps légiflatif ; il faut, pour juftifier un pareil reproche, que cette influence foit très-forte, & de plus, qu'en ufant de cette force, il puiffe braver impunément & l'intérêt national & l'opinion publique. Or je ne penfe pas qu'il y ait d'exemple d'un Miniftère Anglois qui fe foit foutenu ainfi.

L'Auteur des Notes continuant de décrier la Conftitution Angloife, dit que le Gouvernement du Parlement de la Grande-Bretagne eft arbitraire, & en donne pour preuve l'*imperfection de la repréfentation*, & *la liberté que fe donnent fes Repréfentans prétendus, de ne pas fe conformer aux inftructions que la Nation leur donne.*

L'examen de ces deux articles des Notes me meneroit à faire un Livre, fi je voulois le fuivre jufqu'au bout. Je ne puis qu'énoncer ici quelques idées, que je développerai en quelque autre occafion.

Quoique les Membres de la Chambre ne foient élus que par une partie de la Nation, tous ceux qui font élus font bien les Repréfentans de cette partie, & fi cette partie repréfentée a bien véritablement & conftamment le même intérêt que toute celle qui ne l'eft pas, fi cette repréfentation, toute incomplette qu'elle eft, peut défendre & défend les intérêts de tous les Citoyens, ne peut-on pas dire que les Anglois ont une bonne repréfentation ?

Je fais bien tout ce qu'on peut oppofer à cette repréfentation virtuelle ; mais je fais auffi que ces

objections, qui prouvent parfaitement que les choses ne font pas *auſſi bien* qu'elles pourroient & devroient être, ne prouvent pas qu'elles ſoient auſſi
mal que le diſent les Auteurs que je combats.

L'Auteur de l'extrait de l'Examen mis dans le
Journal de Paris, fait un bien faux calcul en
nous préſentant la partie de la Nation qui élit
les Députés, comme un millième de la Nation.
On va voir combien cette aſſertion eſt loin de la
vérité.

Selon les eſtimations données par les Ecrivains
Anglois qui ſe ſont plaint le plus fortement de
l'inſuffiſance de la repréſentation, il n'y a qu'un
dixième des Habitans mâles, chefs de famille,
qui votent aux élections, de ſorte que 9 dixiè-
mes ſont privés du droit de ſuffrage. C'eſt le
calcul de Cartwright dans le Pamphlet intitulé,
Give us our right, Ouvrage d'un partiſan des
principes les plus démocratiques.

Mais ce calcul, tout inférieur qu'il eſt à celui
que je réfute, eſt encore exagéré.

Il y a en effet 214,000 Electeurs, concourant
en totalité à l'élection des Membres du Parlement, ſur 1500 mille, auxquels on pourroit vou-
loir attribuer le droit de voter, en ſuppoſant ſix
millions d'habitans en Angleterre & en Ecoſſe
ſeulement, puiſqu'on ne peut donner le droit de
voter ni aux femmes ni aux enfans qui font les
trois quarts d'une Nation.

Mais de ces 1500 mille il faut retrancher,
non ſeulement ſelon la Loi Angloiſe, mais ſelon
les principes d'une ſaine raiſon, les Mendians,
les Journaliers, les Matelots, les Soldats, tous
les hommes trop dépendans par leur état & leurs
profeſſions, comme les Domeſtiques, tous ceux
qui n'ont pas une propriété de 40 ſchellings de
revenu, tous les ſerviteurs & gagiſtes & employés
de la Couronne, &c. Ces excluſions ne laiſſeront

affurément pas plus de 7 à 800 mille invidus à qui
on puiffe raifonnablement donner le droit de voter
aux élections. Les 214,000 Electeurs actuels feront donc à ceux qui peuvent prérendre au droit
d'élire , environ comme 1 eft à 4, & non pas
comme 1 eft à 10, & encore moins comme 1 eft
à 1000.

A la vérité, ce droit d'élire fe trouve iné-
galement diftribué entre ces 214,000 Electeurs;
de forte qu'on voit un plus grand nombre de
Membres nommés par un moindre nombre d'E-
lecteurs, & réciproquement.

130 mille Francs - tenanciers choififfent 92
Membres pour 52 comtés.

43 mille Habitans des villes choififfent 52
Membres pour 23 villes & 2 Univerfités.

41 mille Electeurs choififfent 369 Membres
pour 192 corporations.

Total. Electeurs 214 mille. 513 Membres.

On obferve encore que des 214 mille Electeurs, il y en a 340 qui choififfent 50 Membres
à eux feuls , & 6000 qui en choififfent 257.

Ces deux derniers réfultats s'obtiennent en con-
fidérant & prenant un certain nombre de Bourgs ,
où le droit de nommer un ou plufieurs Membres
fubfifte, quoique le nombre des votans à l'élection
y foit devenu, par laps de temps, extrême-
ment petit.

Mais il eft toujours vrai qu'un quart des habitans choifit pour les 3 autres quarts de ceux
qui peuvent réclamer le droit d'élire , & qu'il
n'y a par conféquent que ces 3 quarts de privés
du droit d'élection, & non, comme le dit l'Auteur de l'extrait de l'Examen envoyé au Journal
de Paris, 999 millièmes, ce qui eft vraiment dé-
pourvu de raifon.

Je fais bien qu'on me dira encore qu'une pa-
reille repréfentation eft incomplette, & j'en con-

viendrai ; mais je dirai toujours qu'il ne faut pas faire le mal plus grand qu'il n'eft ; & voici quelques obfervations qui peuvent conduire à apprécier avec plus de jufteffe cette imperfection de la Conftitution Anglaife, & pour éloigner même l'efprit de patriotifme & de liberté de juger le Gouvernement Anglois d'après des principes exagérés, qui ne font jamais bons à rien.

1°. Dans tous les pays où l'on a établi une repréfentation, on a cru pouvoir réfufer le droit de concourir aux élections à un nombre plus ou moins grand de Citoyens.

Dans aucune Conftitution les femmes qui font la moitié de l'efpèce humaine, les Mendians, les Domeftiques, les fimples Journaliers, & en Angleterre comme dans la plupart des anciennes Républiques, les Citoyens dont la fortune ou la propriété font au deffous d'un certain cens, ne concourent point au choix des Repréfentans.

On a jugé que la claffe de Citoyens non appelée à concourir au choix des Repréfentans, à raifon de leur état, de leur ignorance, de leur défaut d'éducation, &c., ne pouvant faire une élection en *véritable connoiffance de caufe*, il étoit au moins inutile ou même dangereux de les y faire concourir.

On a cru que celui qui n'eft pas Electeur par quelqu'une des raifons qu'on vient d'indiquer, étoit fuffifamment repréfenté par ceux-là même qu'il n'avoit pas choifis, parce que ceux-ci auroient à défendre pour eux les mêmes droits que lui.

On a penfé enfin que les Loix à maintenir, à faire, à réformer par les Repréfentans de la Nation, devant être générales, & foumettre & gouverner ceux-là mêmes qui les font, en les faifant bonnes pour eux d'après leurs lumières & leur confcience, ils les feroient bonnes pour ceux mêmes par lefquels ils n'auroient pas été choifis.

Si ces motifs font de quelque poids, ils peuvent, ce femble, justifier la Constitution Angloise sur ce qu'on y voit le droit d'élection confié à un quart feulement des Citoyens qui pourroient y prétendre. Si ceux qui n'y concourent pas peuvent penfer que leur exclufion est une violation de leurs droits perfonnels, ils ne peuvent pas raifonnablement s'en plaindre comme d'une caufe d'oppreffion & de mauvaifes Loix, puifque ceux qui exercent le droit d'élection ont le même intérêt à faire de bons choix, & qu'enfin on ne peut pas dire férieufement que les choix feroient meilleurs s'ils étoient faits par 800,000 citoyens, qu'ils ne le font, faits par 214,000.

2°. Au travers de l'imperfection des moyens de choifir la repréfentation Angloife, fi le réfultat du choix eft cependant toujours que la plus grande partie des Repréfentans a le plus grand intérêt poffible à défendre & à conferver les droits & la liberté de la Nation, ces droits & cette liberté feront à couvert. Or je dis que cette condition eft remplie en Angleterre.

Il eft bien évident que l'intérêt à une bonne adminiftration, au maintien de la liberté, au refpect pour la propriété, eft néceffairement très-grand dans les Propriétaires, nom fous lequel je comprends principalement les Propriétaires de terres, fans exclure les autres claffes de citoyens poffédant d'autres genres de propriétés.

Il eft encore évident que les Propriétaires font par là même des hommes indépendans, ou du moins les plus indépendans que la Société puiffe fournir à une Affemblée nationale.

Il fuit de là, que la repréfentation aura une tendance néceffaire & forte vers le bien public, fi la propriété fe trouve réunie à la qualité de Repréfentant.

Or c'eft ce qui arrive en effet en Angleterre.

Je me rappelle d'avoir ouï faire par des personnes instruites, en 1773, le *Court Calendar* à la main, une énumération des Membres du Parlement, d'après laquelle on trouvoit le plus grand nombre des Membres de la Chambre des Communes ayant au delà de 2000 guinées de revenu, plus de 250 dans l'une & dans l'autre Chambre ayant plus de 5000 guinées, plus de 30 jouissant de 10, plus de 20 qui en ont 20,000.

J'ai entendu compter aussi le nombre des Pairs qui ont quelques pensions de la Cour, & n'en trouver alors que cinq ou six. On en parloit comme de gens que le désordre de leurs affaires obligeoit d'avoir recours à cette espèce d'aumône. Un seul qui avoit une fortune raisonnable, étoit taxé de bassesse pour en avoir accepté une. On voit par-là que les Représentans de la Nation dans les Communes, & les Lords dans la Chambre - Haute , sont en général indépendans de la Cour par leur aisance & par leurs grands biens.

Je sais qu'on pourra citer quelques exemples contraires ; mais ces exemples seront des exceptions, & mon assertion sera toujours généralement vraie, de la vérité qui suffit au soutien de l'opinion que je défends.

Or je prie maintenant qu'on me dise si un Corps, chargé par quelque sorte d'élection qu'on voudra, des intérêts d'une Nation, mais composé, dans la plus grande partie de ses Membres, de Propriétaires ayant une richesse qui les rend indépendans, n'est pas un bon gardien des libertés & de la propriété de la Nation ; je demande si, dans un pareil pays, le citoyen qui n'aura pas donné sa mission expresse à ces Membres de l'Assemblée nationale, ne peut pas raisonnablement s'en reposer sur eux de la défense de ses droits &

fa propriété , que ces hommes ne peuvent trahir fans trahir en même temps leur propre caufe
& celle de leurs enfans, Je demande fi une élection à laquelle il auroit concouru , lui donneroit
une plus grande fécurité,

Je fais bien que dans cette même Affemblée
nationale il fe trouve un certain nombre d'hommes fans propriété , ou n'ayant qu'une propriété
fictive , ou n'ayant que celle qui eft prefcrite par
la Loi, & qui eft peut - être trop modique pour
attacher le Repréfentant par elle - même & par
elle feule aux vrais intérêts de la Nation,

Mais le nombre de ces hommes eft petit. Il
y en a d'ailleurs conftamment dans le parti de
l'Oppofition comme dans le parti de la Cour , &
l'action des uns & des autres s'amortit néceffairement par leur combat , tandis que l'intérêt
conftant des Propriétaires fe confondant avec celui de la liberté & de la propriété nationale , ils
font, généralement parlant, un rempart fuffifant
contre les progrès de l'autorité qui tendroit à
l'oppreffion de la Nation.

Je fais que cette importance & ces droits que
j'attache à la propriété , lui font conteftés par
quelques perfonnes inftruites d'ailleurs, qui fe
croient en cela les Apôtres de la liberté : mais
je crois leurs idées fur ce point entiérement op-
pofées aux notions juftes qu'on doit fe faire de
la Société politique , dont la propriété & fur-tout
la propriété territoriale eft la véritable bafe ; je
ne crois point qu'il fuffife de compter les hommes,
pour connoître & fixer le nombre des Repréfentans ou des Electeurs des Repréfentans d'une Nation compofée de 24 millions d'individus. Je pen-
ferai toujours qu'il faut, pour jouir de ce droit à
l'avantage de la Société, des conditions & des
qualifications plus ou moins communes : que dans
un grand pays ces conditions ne doivent pas être
trop faciles à remplir, fi l'on veut avoir des choix

raisonnables, motivés, & faits en connoissance de cause, les seuls qui puissent véritablement exercer les droits de ceux qui les font & de tous ceux pour lesquels ils sont faits.

Je conclus de tous ces détails, que le Parlement d'Angleterre, tel qu'il est, est encore une fort bonne sauve-garde pour la liberté de la Nation, ce qui est bien contraire aux assertions du Cultivateur Américain & de son Commentateur.

Et j'ajoute que cette apologie du Gouvernement Anglois je pourrois la justifier par des faits connus ; par exemple, en faisant voir que depuis le règne de George III seulement, la liberté Angloise a gagné du terrein, loin d'en perdre ; témoin l'affaire [du Général Warrants, perdue par la Couronne contre M. Wilkes, & l'établissement des Milices nationales, regardé par tous les hommes éclairés comme un nouveau boulevart de la liberté, & la forme établie vers 1772, pour juger de la validité des élections par *un Juré* tiré au sort ; & pour citer le fait le plus voisin de nous, témoin tout ce qui s'est dit & sur-tout tout ce qui s'est fait relativement à la Régence *donnée* par le Parlement au Prince de Galles, & où se montre un si grand pouvoir de la Nation.

Enfin je répète que si la liberté n'a pas encore recouvré tous ses droits, c'est à l'état des connoissances dans la Nation, aux erreurs dans lesquelles s'égare encore l'esprit public, & sur-tout à l'esprit mercantile, qu'il faut s'en prendre, & non à la Constitution qui peut opérer ce bien telle qu'elle est, & qui l'opérera avec le temps.

J'ai peu de choses à dire contre la seconde preuve du pouvoir arbitraire du Parlement, apportée par l'Auteur des Notes. Il prétend établir cette imputation sur ce que les Représentans ne suivent *que lorsqu'ils le veulent bien les instruc-*

tions de leurs Commettans, & qu'ils tiennent ainsi de la Nation *un pouvoir arbitraire qu'ils n'exercent que conformément à la volonté du Ministre.*

On voit que cette preuve est toute entière fondée sur la doctrine de la limitation des pouvoirs, doctrine que je crois funeste au repos des Nations, & contraire à toute bonne Administration dans un grand pays qui ne sera pas partagé en autant de Républiques confédérées qu'il y aura de Provinces.

On me dira peut-être qu'en faisant l'apologie de la Constitution Angloise, je conviens moi-même qu'elle a de véritables défauts ; que la liberté n'y est pas entière, que la représentation y est incomplette, &c., que dès-lors les opinions des Auteurs des notes ne différent pas assez des miennes, pour que ce soit la peine de les combattre, puisqu'en convenant des deux parts que la Constitution Angloise est vicieuse, il n'est pas bien important de déterminer si elle l'est plus ou moins.

Je réponds, M. le M., que dans les questions les plus intéressantes il ne s'agit non plus très-souvent que *du plus & du moins*, & que d'après la règle qu'on m'oppose, il faudroit éloigner les plus utiles & les plus nécessaires discussions.

J'ai pour mon usage une maxime que je voudrois bien voir plus généralement reconnue : *le faux ne diffère souvent du vrai que par l'exagération qui l'accompagne.* De sorte qu'une assertion la plus fausse en elle-même & la plus funeste dans les conséquences qu'on en tire, n'est souvent qu'une assertion parfaitement vraie exagérée, dont l'esprit sage qui la conteste ne combat que ce qu'elle a d'outré.

Dans la question présente, la vérité est à dire, *que la liberté Angloise n'est pas entière, ni la représentation aussi parfaite qu'elle pourroit l'être.* La fausseté est à dire qu'il n'y a en Angleterre *ni li-*

berté perfonnelle, ni liberté de commerce, ni tolérance, ni liberté de la preffe, & que la liberté Angloife confifte à être gouverné par des réfolutions arbitraires d'un Parlement qui n'eft libre qu'en apparence, & qui ne peut ni n'ofe faire que ce qui plaît au Roi & aux Miniftres, p. 75. Affertions des Auteurs des notes, qui ne font que les exagérations de celles que je regarde comme vraies, & qui font fauffes par cette même exagération.

Il n'eft donc pas inutile de difputer fur le plus ou le moins de défauts qui fe trouvent dans la Conftitution Angloife, puifqu'il n'eft pas inutile de chercher & de connoître la vérité.

Enfin, M. le M., s'il faut que je vous le dife, je n'approuve point qu'on nous dégoûte d'un pain bis nourriffant & fain, lorfque nous ne fommes pas bien affurés de pouvoir nous donner du pain blanc.

Mais je m'apperçois, M. le M*****, que je viens d'écrire un Volume pour répondre à votre billet, qui ne me demandoit que mon avis fur un Livre, & je n'en fuis encore qu'à la moitié d'un des articles de cet Ouvrage, la note 11e. Je me vois forcé par l'obligation même de vous répondre, à terminer ici ma réponfe.

Je fuis avec le plus profond refpect, &c.

L. M.

Samedi, 14 Février 1789.

P. S. On fupplie les Lecteurs de cette Lettre, de ne pas perdre de vue l'époque où elle a été écrite. Les grands évènemens qui ont changé la face du Gouvernement en France, nous mettent en état de nous donner une Conftitution encore meilleure que celle à laquelle les Anglois ont dû leur profpérité; mais nous ne devons pas oublier qu'ils ont été nos modèles & nos maîtres, ce que ce petit Ecrit peut fervir à nous rappeler.

Ce 4 Août 1789.

AVIS
AUX FAISEURS
DE
CONSTITUTIONS.

Par M. BENJAMIN FRANKLIN.